Nicole Durand

SAISONS EMMÊLÉES

Poèmes

L'HIVER

NOËL AU BALCON

Noël est plein de douceur
Comme le temps.
Nous faisons notre parcours du cœur
Comme auparavant.
Nous restons avec bonheur
Sous le chêne toujours présent.
Autrefois, je promenais mon neveu sans peur
Et me reposais sous l'arbre résistant
Les souvenirs me reviennent sans heurt
Dans cette atmosphère de printemps.

SIMON

Son visage plissé
Raconte une vie tourmentée.
Il a franchi la Méditerranée
Pour venir en France
C'est peut-être une chance
Mais son destin est dans la balance :
Va-t-il pouvoir rester
Et par un apprentissage s'intégrer
Ou va-t-il être ramené
Dans son pays de misère
Où de rue en rue il erre
Comme un pauvre hère ?

AVIS DE TEMPÊTE

Après la tempête Bruno, Carmen est annoncée.
Nous courbons l'échine sous le vent
Le pays est secoué
Le réchauffement climatique est bien présent :
L'homme a trop tiré
Sur la corde imprudemment
Le prix fort, il va payer
Pour n'avoir pas respecté son engagement
À protéger la terre, l'entourer
Comme un bien précieux, au long des temps.

FRATERNITÉ

L'association coup d' pouss'
S'engage pour les gens de la rue :
Elle donne un coup de pouce
À ces êtres perdus.
Elle leur rend la vie plus douce
En leur donnant ce qui leur est dû
En emménageant un camping-car comme une mousse
Pour que leur corps, leur âme soient entretenus.

NEIGE A PROFUSION

Les amateurs de ski
Sont ravis
La neige paraît infinie.
Ce fameux or blanc
Donne le sourire aux gens
De la vallée, c'est l'enrichissement.
La montagne est belle
Sous les neiges éternelles
Avec le soleil, elle étincelle.

VISITES

Tous les lundis, je visite avec bonheur
Mes mamies de cœur
J'exerce un peu de douceur.
Elles m'apprennent la patience :
Pour mon impatience
C'est comme une science.
L'une me parle de sa vie
L'autre, de la Tunisie
À l'autre encore, je lis mes écrits
Les lundis m'apportent un supplément d'âme
Comme une petite flamme
Qui s'invite et qui m'enflamme.

JOUR DE JOIE

Le gospel de baptême avait commencé
Quand ils se sont avancés
Les futurs baptisés
J'ai pleuré de joie
Le ciel était là
Myriam a franchi ce grand pas :
Elle veut donner sa vie à Jésus
Avec Lui, elle ne sera jamais déçue
Elle aura Sa force en plus.
Ce moment est précieux
Elle le gardera devant ses yeux
Elle sait que sa joie vient de Dieu.

AU BALCON DE L'OCÉAN

Penchés au-dessus des rochers
De petites moules habillés
Nous regardions l'océan
Se briser dans son élan
Tout en bleu et en cuivré
Il avait pris des airs de Méditerranée
En ce mois de février
Les hommes de la mer, puissants
Dans leurs barques s'en allaient le domptant.
Ivres d'iode et de vent
Nous courions comme des enfants
Vers les pins doucement balancés
Mer de cathédrale au ciel murmuré.

HIVER MOUILLÉ

Le ruisseau revit
Grâce à la pluie
Cela le réjouit
Elle coule avec douceur
Sur la terre en profondeur
Et la fait chanter de bonheur
La végétation va repousser
Les troupeaux brouter
L'herbe tendre qui a poussé.

SOLIDARITÉ

Une association installe Simon le migrant
En le logeant
Et le nourrissant
Le secours populaire le fait travailler
Lui donne aussi à manger
En français, il est aidé
Daniel lui achète des habits
S'occupe aussi de lui
Répare son vélo meurtri.
Simon va faire une formation
En cuisine, c'est sa passion
Et il gagnera son adoption.

LE MERLE DANS LE FROID

Le merle a fait son nid
Dans le romarin
Pour se mettre à l'abri, mais en vain.
Il pousse de petits cris
De bon matin
Pour se réchauffer, pardi
Mais la température baisse et le vainc.

LA PRIMEVÈRE

La campagne est endormie
Comme assoupie
Il n'y a aucun bruit
Dans ce froid de l'hiver
Mais la petite primevère
Soulève la terre
Pour dire vaillamment :
« J'annonce le printemps
De se réveiller, il est temps ! ».

LE PRINTEMPS

PAR UN JOUR DE PRINTEMPS

Par un jour de printemps
Jean-Louis s'en est allé.
Nous nous souvenons du temps
Où il a créé la section de la C.F.D.T.
Il a œuvré pour le département
Avec son intelligence acérée.
Nous évoquons les souvenirs d'antan
Avec ceux qui l'ont aimé.

UN DIMANCHE A PREIGNAN

Ils ont crié vers le Seigneur
Les frères et les sœurs.
Les larmes baignaient leurs yeux
Leur prière a été agréée par Dieu.
Ta maison est dans le ciel
Cela est essentiel.
En attendant, retiens ce que tu as
Que l'Esprit ne se retire pas.

LE PRINTEMPS VA ARRIVER

Les perles d'eau
Irisent les arbrisseaux.
Sur la branche tenace
Le merle se prélasse :
Il attend
Le printemps.
L'enfant regarde, bouche bée
Les canards s'envoler.
Sur la berge aux couleurs tendres
Le printemps se fait attendre.

LE CONCERT DU MATIN

Les oiseaux nous saluent de bon matin
Ils chantent avec entrain.
Au fur et à mesure que nous avançons
Ils aiguisent leurs chansons.
Le merle lance un trille
Avant que le soleil ne brille.
La nuit s'est achevée
Le bleu du ciel s'est dévoilé.
Ce jour est un jour nouveau
Nous nous tournons vers le Très Haut.

IL EST RESSUSCITÉ

Unis par le C.R.C.
Ils fêtent le Ressuscité.
Le centre du Réveil chrétien
Les comble de biens.
La joie s'installait
Et l'Amour et la Paix.
Grâce à Internet
Ils étaient dans la fête.

LE PRINTEMPS EST LÀ

Les vaches se prélassent dans le pré
Mais à mon arrivée
Elles viennent me saluer.
Elles broutent avec ardeur
L'herbe pleine de verdeur
Et la ruminent avec bonheur.
Le ruisseau gazouille
Sur le pont je m'agenouille
Et les doigts, me mouille.
C'est un jour de printemps
Il retentit dans les champs
Et je m'en vais en chantant.

LA MONTAGNE AU PRINTEMPS

La montagne a revêtu
Sa robe de mariée
Avec ses blancs cerisiers.
Elle nous inspire plus
L'été va lui envier
Ces tons de ramiers
Il se fera tout menu
Mais le soleil sera son allié
Et il aura pitié.
La montagne nous élève vers Jésus

ESCAPADE EN ARAGON

À Laspuna, village haut perché
Les fraises se laissent savourer
Par la route enrubannée
Nous atteignons Buerba :
Chaque maison a sa cheminée redonda.
Mais les habitants ne sont pas là.
Je ne trouve pas les mots
Pour décrire le canon d'Anisclo
Tant il est beau.

LES ROSES DES PETITES SŒURS

Dans le jardin des petites sœurs
Les roses s'en donnent à cœur joie
Elles parlent à notre cœur
En nous offrant un parterre de choix
Éclatantes de couleurs
Elles raniment notre foi
Ce jardin du bonheur
Nous donne de la joie.

LE CHANT DU GRILLON

Le chant du grillon, entêté
Joyeux, accompagne nos pas.
Dans ce printemps ressuscité
Il fait entendre sa voix.
Retentissant, parfois déchaîné
Il met nos cœurs en émoi.
Il réveille notre passé
Et l'odeur des pays là-bas.

L'ÉTÉ AU PRINTEMPS

Au printemps, l'été pointe son nez.
Avril fait mentir le dicton :
Ne te découvre pas d'un fil est dépassé.
Sur le sable chaud, il fait bon.
Le soleil casse les mauvaises pensées
Les gens font des projets : c'est la belle saison
Ils sont à nouveau enjoués
Les récoltes font un bond.

L'HIVER AU PRINTEMPS

Après l'été, c'est l'hiver
Le printemps est bousculé :
Il faut remettre les pull-overs
Le chauffage est rallumé
Les soubresauts du temps habitent la terre
Nous revenons en arrière
La végétation s'est figée.

L'ÉTÉ

LES NOCES D'OR

Lucette et Gilbert se sont unis
Le six juillet mille neuf cent soixante-huit
La venue de leur fils leur a souri
Le jour a succédé à la nuit
Ils ont passé cinquante de leur vie
Ensemble et sans ennui
Un foyer, des maisons, ils ont bâti
Ne comptant que sur leur appui
Ils ont pris soin de leur nid
Ayant toujours de l'eau dans leur puits
C'est la fête aujourd'hui
Ils fêtent leurs noces d'or qu'ils ont accueillies.

LA VIE DANS LES E.P.A.D.H.

À la Pépinière, les personnes âgées
Essaient de s'adapter
Elles ont un beau jardin partagé.
L'ennui parfois les habite
Elles aiment avoir des visites
Alors la solitude les quitte.
À Cadéot, le loto vient les égayer
Elles participent aux ateliers
Elles vont à l'ombre des peupliers
Parler du temps d'autrefois
Qu'elles regrettent parfois
Elles sont animées par la foi.

RÊVE D'EAU

Il me plairait de demeurer
Tout près d'une source
D'écouter son chant murmuré
Après une longue course
Où j'aurais passé ma vie à chercher
Le regard fixé sur la grande ourse
Je pourrais enfin me reposer
Tout près de ma source
Qu'il me plairait de demeurer !

EXPOSITION à MONTÉGUT

Les artistes exposent leurs créations
Dans la belle cité.
Nous sommes pleins d'admiration
Devant cette beauté exprimée.
Des peintures, poèmes photos, broderies, bijoux, c'est l'association
Que nous contemplons bouche bée
Ces œuvres expriment une ascension
Un pas vers l'éternité.

AU CAMBODGE

Faire fleurir les sourires
Malgré les difficultés
Cela devrait suffire
Pour ramener la sérénité.
Le thé viendra fleurir
Les fleurs de lotus disséminées
Les jacinthes d'eau en devenir
Feront des paniers en quantité

MENORCA

Les murs de pierres sèches sont omniprésents
Les lentisques couvrent l'île
Avec lesquels sont fabriqués des portails éclatants
Par les habitants, habiles.
Le complexe Binimar est très grand
Et plus ou moins tranquille.
Total est le dépaysement
Les chevaux noirs agiles
Sont dressés avec talent.
La sandale habille le pied gracile
De la Minorquine et le rend élégant.
Les troupeaux ne sont pas serviles
Et leur lait donne un fromage appétissant.
Près du pont d'En Gil
Nous contemplons le soleil couchant.
Le temps est immobile
Dans les merveilleuses Cala'ns.
À Ciutadella, les ruelles de la vieille ville
Enchantent l'œil du passant.
Cette petite île
À un caractère charmant.

VERS STA FALCONERA

Tu es avec moi
Tout le long du chemin
Qui mène à Sta Falconera
Je marche avec entrain
La végétation me tend les bras.
Le Cami dels Cavalls est plein
De senteurs qui accompagnent mes pas.
Le sommet, j'atteins
Et la vue est maravillosa (merveilleuse)

CANICULE

La canicule est là
Elle vient de là-bas
De pays où le soleil est roi.
De bon matin, nous marchons
Puis nous nous calfeutrons
Dans la maison.
Nous gagnons un peu de fraîcheur
Au fil des heures
Pour notre plus grand bonheur.

LA GRÊLE

La grêle ravage tout
Et met à mal les maisons.
Les habitants sont à genoux
Dans cette chaude saison :
Jusque à quand ce déluge sur nous ?
Crient-ils, au diapason.
L'Éternel dit, plein de courroux :
Je vous envoie des grêlons
Jusques à quand, dites-vous ?
Jusqu'à ce que vous retrouviez la raison.

LE FEU D'ARTIFICE

Au pied de la cathédrale illuminée
Les gens se rassemblent :
Le feu d'artifice est annoncé.
Ils sont tous ensemble
L'atmosphère est à la gaieté.
Soudain le ciel tremble
De mille couleurs embrasé
À une constellation dorée, il ressemble.

MON SEIGNEUR ET MON ROI

Tu me dis par la bouche d'une sœur :
« Tu es une très belle fleur
Unique, avec beaucoup de belles couleurs.
Tu brilles dans mon jardin
Je suis avec toi dès le matin
Ne t'inquiète pas du lendemain
Connais mon cœur
Aie de la douceur
Vont partir les douleurs.
Tu vas avoir un rafraîchissement
Aime-toi toi-même, il est temps
Tu seras toujours mon enfant ».

L'AUTOMNE EN ÉTÉ

Les feuilles des marronniers jonchent la terre :
C'est la fin de l'été.
Leur couleur rouille m'est chère
Mais la saison s'en est allée.
La chaleur a grillé les arbres verts
Ils n'ont pas résisté
Leur temps était éphémère :
Dans l'automne, ils ont plongé.

L'AUTOMNE

LA PERMACULTURE

Un projet de permaculture
Doit naître au Niger.
Cette agriculture qui dure
Va repousser le désert.
Elle donnera une nourriture sûre
Dans cette aride terre
La population sera mûre
Pour développer ce savoir-faire.

LES JARDINS DU BONHEUR

L'idée était belle :
Mettre à disposition une douzaine de parcelles
À des bénéficiaires de minima sociaux isolés
Encore là chaque année.
L'une est cultivée collégialement
Et ses légumes sont donnés notamment
Au centre social pour ses ateliers
Ils garniront aussi leurs paniers.

LES SAISONS

Je choisis de réussir mes nouvelles saisons
Au temps favorable, Il m'a secourue
Je me mets au diapason :
Voici maintenant le temps du salut.
Je m'applique avec raison
L'automne portera le fruit attendu
Le rythme du temps est bon
Ma vie est cachée en Jésus.

BENOÎT

Si nous avions eu un garçon
Nous l'aurions appelé Benoît
Nous n'avons pas eu de garçon
Mais Benoît est là.
Nous accueillons cette moisson
Avec joie.
Intelligent et plein de dons
Benoît est le choix du roi.

L'ENGAGEMENT

Myriam et Benoît s'engagent
Avec le Seigneur
Pour un long voyage
Vers le bonheur.
Ils veulent ouvrir une nouvelle page
Dans cette saison de fruits et de fleurs :
Ce sera le gage
D'un horizon plein de saveur.

LE MARIAGE

Par un jour lumineux
D'octobre, Myriam et Benoît se sont unis
À l'église de Bethesda : ils sont heureux
La joie a retenti.
Après, la chartreuse de Dan, nichée au creux
Des coteaux, accueille parents et amis :
Le repas est savoureux
Et régale à l'envi.

L'ÉTÉ INDIEN

L'été indien amène de la douceur
Dans ces derniers beaux jours
Qui se montrent en plein cœur
De l'automne, comme du velours.
Le temps s'arrête : à toute heure
Il salue, de l'été, le retour
Qui donne du bonheur
Aux gens, sans détour.

ÉBLOUISSANTE MONTAGNE

La montagne s'habille d'or
Au-dessus de Vielle-Aure
Elle atteint son dernier port.
Elle flamboie de mille feux
Dans ces jours heureux
Nous en avons plein les yeux.
La montagne éblouit
Nous rend tout petits
Et nous attendrit.

CHANT D'AUTOMNE

Le champ de sorgho célèbre l'automne
La nature se donne
La récolte sera bonne.
Elle jette un cri
Vers l'infini
Et porte du fruit.
C'est ma saison préférée
Douce et tempérée
Elle préfigure l'éternité
Après elle se reposera
Dans les grands bras
De l'hiver qui l'attend déjà.

BRUMES D'AUTOMNE

Un brouillard léger flotte sur la campagne
Bientôt, tout l'horizon, il gagne.
Il rend le paysage mystérieux
Irréel, harmonieux
Il efface les collines,
Les vallées, redessine.
Il offre de la poésie
Et élève vers l'infini.

L'HIVER EN AUTOMNE

La gelée blanche couvre le jardin
Les frimas sont déjà là
Le froid pique dès le matin
L'hiver arrive à grands pas.
Aux oiseaux, nous donnons du pain
Ils se blottissent sur l'althaea :
Ils affrontent sans entrain
Cette fin d'automne qui meurt déjà.

SAISONS EMMÊLÉES

Les saisons se mélangent
Dans un joyeux brouhaha
Leurs caractéristiques, elles échangent
Et nous étonnent parfois
Elles donnent le change
Et nous laissent coi.
Dans nos habitudes, elles nous dérangent
Et malgré tout nous remplissent de joie.

Direction d'ouvrage :

« Dialoguer en poésie »
15 rue de Sardac 32700 Lectoure

http://pierre.leoutre.free.fr/dialoguerenpoesie

et avec le soutien de l'Association « Le 122 »
15 rue Jules de Sardac 32700 Lectoure

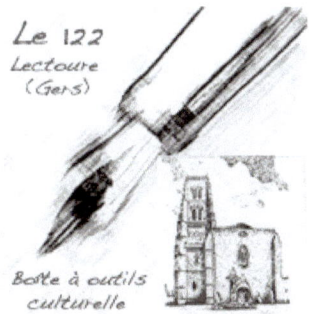

http://pierre.leoutre.free.fr

Éditeur :
Books on Demand GmbH,
12/14 rond-point des Champs Élysées,
75008 Paris, France

Impression :
Books on Demand GmbH, Norderstedt, Allemagne

ISBN : 9782322148424

Dépôt légal : août 2018

www.bod.fr